Complete Phone Book

Complete Phone Book
By Lazaros' Blank Books
Artwork & Design: Lazaros Georgoulas— lazageo@gmail.com
Printed by Createspace, An Amazon.com company.

ISBN-13: 978-1523297245
ISBN-10: 1523297247

Owner:

_____

_____

_____

Contacts

Complete Phone Book

Name:_____

_____

Phone1:_____

Phone2:_____

Cell:_____

Fax:_____

E-mail:_____

Name:_____

_____

Phone1:_____

Phone2:_____

Cell:_____

Fax:_____

E-mail:_____

Complete Phone Book

Name:_____

_____

Phone1:_____
Phone2:_____
Cell:_____
Fax:_____
E-mail:_____

Name:_____

_____

Phone1:_____
Phone2:_____
Cell:_____
Fax:_____
E-mail:_____

Complete Phone Book

Name:_____

_____

Phone1:_____

Phone2:_____

Cell:_____

Fax:_____

E-mail:_____

Name:_____

_____

Phone1:_____

Phone2:_____

Cell:_____

Fax:_____

E-mail:_____

Complete Phone Book

Name:_____

_____

Phone1:_____

Phone2:_____

Cell:_____

Fax:_____

E-mail:_____

Name:_____

_____

Phone1:_____

Phone2:_____

Cell:_____

Fax:_____

E-mail:_____

Complete Phone Book

Name:_____

_____

Phone1:_____

Phone2:_____

Cell:_____

Fax:_____

E-mail:_____

Name:_____

_____

Phone1:_____

Phone2:_____

Cell:_____

Fax:_____

E-mail:_____

Complete Phone Book

Name:_____

_____

Phone1:_____

Phone2:_____

Cell:_____

Fax:_____

E-mail:_____

Name:_____

_____

Phone1:_____

Phone2:_____

Cell:_____

Fax:_____

E-mail:_____

Complete Phone Book

Name:_____

_____

Phone1:_____

Phone2:_____

Cell:_____

Fax:_____

E-mail:_____

Name:_____

_____

Phone1:_____

Phone2:_____

Cell:_____

Fax:_____

E-mail:_____

Complete Phone Book

Name:_____

_____

Phone1:_____

Phone2:_____

Cell:_____

Fax:_____

E-mail:_____

Name:_____

_____

Phone1:_____

Phone2:_____

Cell:_____

Fax:_____

E-mail:_____

Complete Phone Book

Name:_____

_____

Phone1:_____

Phone2:_____

Cell:_____

Fax:_____

E-mail:_____

Name:_____

_____

Phone1:_____

Phone2:_____

Cell:_____

Fax:_____

E-mail:_____

Complete Phone Book

Name:_____

_____

Phone1:_____
Phone2:_____
Cell:_____
Fax:_____
E-mail:_____

Name:_____

_____

Phone1:_____
Phone2:_____
Cell:_____
Fax:_____
E-mail:_____

Complete Phone Book

Name:_____

_____

Phone1:_____

Phone2:_____

Cell:_____

Fax:_____

E-mail:_____

Name:_____

_____

Phone1:_____

Phone2:_____

Cell:_____

Fax:_____

E-mail:_____

Complete Phone Book

Name:_____

_____

Phone1:_____

Phone2:_____

Cell:_____

Fax:_____

E-mail:_____

Name:_____

_____

Phone1:_____

Phone2:_____

Cell:_____

Fax:_____

E-mail:_____

_____ Complete Phone Book

Name:_____

_____

Phone1:_____

Phone2:_____

Cell:_____

Fax:_____

E-mail:_____

Name:_____

_____

Phone1:_____

Phone2:_____

Cell:_____

Fax:_____

E-mail:_____

Complete Phone Book

Name:_____

_____

Phone1:_____

Phone2:_____

Cell:_____

Fax:_____

E-mail:_____

Name:_____

_____

Phone1:_____

Phone2:_____

Cell:_____

Fax:_____

E-mail:_____

Complete Phone Book

Name:_____

_____

Phone1:_____

Phone2:_____

Cell:_____

Fax:_____

E-mail:_____

Name:_____

_____

Phone1:_____

Phone2:_____

Cell:_____

Fax:_____

E-mail:_____

Complete Phone Book

Name:_____

_____

Phone1:_____

Phone2:_____

Cell:_____

Fax:_____

E-mail:_____

Name:_____

_____

Phone1:_____

Phone2:_____

Cell:_____

Fax:_____

E-mail:_____

Complete Phone Book

Name:_____

_____

Phone1:_____

Phone2:_____

Cell:_____

Fax:_____

E-mail:_____

Name:_____

_____

Phone1:_____

Phone2:_____

Cell:_____

Fax:_____

E-mail:_____

Complete Phone Book

Name:_____

_____

Phone1:_____

Phone2:_____

Cell:_____

Fax:_____

E-mail:_____

Name:_____

_____

Phone1:_____

Phone2:_____

Cell:_____

Fax:_____

E-mail:_____

Complete Phone Book

Name:_____

_____

Phone1:_____

Phone2:_____

Cell:_____

Fax:_____

E-mail:_____

Name:_____

_____

Phone1:_____

Phone2:_____

Cell:_____

Fax:_____

E-mail:_____

Complete Phone Book

Name:_____

_____

Phone1:_____

Phone2:_____

Cell:_____

Fax:_____

E-mail:_____

Name:_____

_____

Phone1:_____

Phone2:_____

Cell:_____

Fax:_____

E-mail:_____

Complete Phone Book

Name:_____

_____

Phone1:_____

Phone2:_____

Cell:_____

Fax:_____

E-mail:_____

Name:_____

_____

Phone1:_____

Phone2:_____

Cell:_____

Fax:_____

E-mail:_____

_____ Complete Phone Book

Name:_____

_____

Phone1:_____

Phone2:_____

Cell:_____

Fax:_____

E-mail:_____

Name:_____

_____

Phone1:_____

Phone2:_____

Cell:_____

Fax:_____

E-mail:_____

Complete Phone Book

Name:_____

_____

Phone1:_____

Phone2:_____

Cell:_____

Fax:_____

E-mail:_____

Name:_____

_____

Phone1:_____

Phone2:_____

Cell:_____

Fax:_____

E-mail:_____

Complete Phone Book

Name:_____

_____

Phone1:_____

Phone2:_____

Cell:_____

Fax:_____

E-mail:_____

Name:_____

_____

Phone1:_____

Phone2:_____

Cell:_____

Fax:_____

E-mail:_____

Complete Phone Book

Name:_____

_____

Phone1:_____

Phone2:_____

Cell:_____

Fax:_____

E-mail:_____

Name:_____

_____

Phone1:_____

Phone2:_____

Cell:_____

Fax:_____

E-mail:_____

Complete Phone Book

Name:_____

_____

Phone1:_____

Phone2:_____

Cell:_____

Fax:_____

E-mail:_____

Name:_____

_____

Phone1:_____

Phone2:_____

Cell:_____

Fax:_____

E-mail:_____

Complete Phone Book

Name:_____

_____

Phone1:_____

Phone2:_____

Cell:_____

Fax:_____

E-mail:_____

Name:_____

_____

Phone1:_____

Phone2:_____

Cell:_____

Fax:_____

E-mail:_____

Complete Phone Book

Name:_____

_____

Phone1:_____

Phone2:_____

Cell:_____

Fax:_____

E-mail:_____

Name:_____

_____

Phone1:_____

Phone2:_____

Cell:_____

Fax:_____

E-mail:_____

Complete Phone Book

Name:_____

_____

Phone1:_____

Phone2:_____

Cell:_____

Fax:_____

E-mail:_____

Name:_____

_____

Phone1:_____

Phone2:_____

Cell:_____

Fax:_____

E-mail:_____

Complete Phone Book

Name:_____

_____

Phone1:_____

Phone2:_____

Cell:_____

Fax:_____

E-mail:_____

Name:_____

_____

Phone1:_____

Phone2:_____

Cell:_____

Fax:_____

E-mail:_____

Complete Phone Book

Name:_____

_____

Phone1:_____

Phone2:_____

Cell:_____

Fax:_____

E-mail:_____

Name:_____

_____

Phone1:_____

Phone2:_____

Cell:_____

Fax:_____

E-mail:_____

Complete Phone Book

Name:_____

_____

Phone1:_____

Phone2:_____

Cell:_____

Fax:_____

E-mail:_____

Name:_____

_____

Phone1:_____

Phone2:_____

Cell:_____

Fax:_____

E-mail:_____

Complete Phone Book

Name:_____

_____

Phone1:_____

Phone2:_____

Cell:_____

Fax:_____

E-mail:_____

Name:_____

_____

Phone1:_____

Phone2:_____

Cell:_____

Fax:_____

E-mail:_____

Complete Phone Book

Name:_____

_____

Phone1:_____

Phone2:_____

Cell:_____

Fax:_____

E-mail:_____

Name:_____

_____

Phone1:_____

Phone2:_____

Cell:_____

Fax:_____

E-mail:_____

Complete Phone Book

Name:_____

_____

Phone1:_____

Phone2:_____

Cell:_____

Fax:_____

E-mail:_____

Name:_____

_____

Phone1:_____

Phone2:_____

Cell:_____

Fax:_____

E-mail:_____

Complete Phone Book

Name:_____

_____

Phone1:_____

Phone2:_____

Cell:_____

Fax:_____

E-mail:_____

Name:_____

_____

Phone1:_____

Phone2:_____

Cell:_____

Fax:_____

E-mail:_____

Complete Phone Book

Name:_____

_____

Phone1:_____

Phone2:_____

Cell:_____

Fax:_____

E-mail:_____

Name:_____

_____

Phone1:_____

Phone2:_____

Cell:_____

Fax:_____

E-mail:_____

Complete Phone Book

Name:_____

_____

Phone1:_____

Phone2:_____

Cell:_____

Fax:_____

E-mail:_____

Name:_____

_____

Phone1:_____

Phone2:_____

Cell:_____

Fax:_____

E-mail:_____

Complete Phone Book

Name:_____

_____

Phone1:_____

Phone2:_____

Cell:_____

Fax:_____

E-mail:_____

Name:_____

_____

Phone1:_____

Phone2:_____

Cell:_____

Fax:_____

E-mail:_____

Complete Phone Book

Name:_____

_____

Phone1:_____

Phone2:_____

Cell:_____

Fax:_____

E-mail:_____

Name:_____

_____

Phone1:_____

Phone2:_____

Cell:_____

Fax:_____

E-mail:_____

Complete Phone Book

Name:_____

_____

Phone1:_____

Phone2:_____

Cell:_____

Fax:_____

E-mail:_____

Name:_____

_____

Phone1:_____

Phone2:_____

Cell:_____

Fax:_____

E-mail:_____

Complete Phone Book

Name:_____

_____

Phone1:_____

Phone2:_____

Cell:_____

Fax:_____

E-mail:_____

Name:_____

_____

Phone1:_____

Phone2:_____

Cell:_____

Fax:_____

E-mail:_____

Complete Phone Book

Name:_____

_____

Phone1:_____

Phone2:_____

Cell:_____

Fax:_____

E-mail:_____

Name:_____

_____

Phone1:_____

Phone2:_____

Cell:_____

Fax:_____

E-mail:_____

Complete Phone Book

Name:_____

_____

Phone1:_____
Phone2:_____
Cell:_____
Fax:_____
E-mail:_____

Name:_____

_____

Phone1:_____
Phone2:_____
Cell:_____
Fax:_____
E-mail:_____

Complete Phone Book

Name:_____

_____

Phone1:_____

Phone2:_____

Cell:_____

Fax:_____

E-mail:_____

Name:_____

_____

Phone1:_____

Phone2:_____

Cell:_____

Fax:_____

E-mail:_____

Complete Phone Book

Name:_____

_____

Phone1:_____

Phone2:_____

Cell:_____

Fax:_____

E-mail:_____

Name:_____

_____

Phone1:_____

Phone2:_____

Cell:_____

Fax:_____

E-mail:_____

Complete Phone Book

Name:_____

_____

Phone1:_____

Phone2:_____

Cell:_____

Fax:_____

E-mail:_____

Name:_____

_____

Phone1:_____

Phone2:_____

Cell:_____

Fax:_____

E-mail:_____

Complete Phone Book

Name:_____

_____

Phone1:_____

Phone2:_____

Cell:_____

Fax:_____

E-mail:_____

Name:_____

_____

Phone1:_____

Phone2:_____

Cell:_____

Fax:_____

E-mail:_____

Complete Phone Book

Name:_____

_____

Phone1:_____

Phone2:_____

Cell:_____

Fax:_____

E-mail:_____

Name:_____

_____

Phone1:_____

Phone2:_____

Cell:_____

Fax:_____

E-mail:_____

Complete Phone Book

Name:_____

_____

Phone1:_____

Phone2:_____

Cell:_____

Fax:_____

E-mail:_____

Name:_____

_____

Phone1:_____

Phone2:_____

Cell:_____

Fax:_____

E-mail:_____

Complete Phone Book

Name:_____

_____

Phone1:_____

Phone2:_____

Cell:_____

Fax:_____

E-mail:_____

Name:_____

_____

Phone1:_____

Phone2:_____

Cell:_____

Fax:_____

E-mail:_____

Complete Phone Book

Name:_____

_____

Phone1:_____

Phone2:_____

Cell:_____

Fax:_____

E-mail:_____

Name:_____

_____

Phone1:_____

Phone2:_____

Cell:_____

Fax:_____

E-mail:_____

Complete Phone Book

Name:_____

_____

Phone1:_____

Phone2:_____

Cell:_____

Fax:_____

E-mail:_____

Name:_____

_____

Phone1:_____

Phone2:_____

Cell:_____

Fax:_____

E-mail:_____

Complete Phone Book

Name:_____

_____

Phone1:_____

Phone2:_____

Cell:_____

Fax:_____

E-mail:_____

Name:_____

_____

Phone1:_____

Phone2:_____

Cell:_____

Fax:_____

E-mail:_____

Complete Phone Book

Name:_____

_____

Phone1:_____

Phone2:_____

Cell:_____

Fax:_____

E-mail:_____

Name:_____

_____

Phone1:_____

Phone2:_____

Cell:_____

Fax:_____

E-mail:_____

Complete Phone Book

Name:_____

_____

Phone1:_____

Phone2:_____

Cell:_____

Fax:_____

E-mail:_____

Name:_____

_____

Phone1:_____

Phone2:_____

Cell:_____

Fax:_____

E-mail:_____

Complete Phone Book

Name:_____

_____

Phone1:_____

Phone2:_____

Cell:_____

Fax:_____

E-mail:_____

Name:_____

_____

Phone1:_____

Phone2:_____

Cell:_____

Fax:_____

E-mail:_____

Complete Phone Book

Name:_____

_____

Phone1:_____

Phone2:_____

Cell:_____

Fax:_____

E-mail:_____

Name:_____

_____

Phone1:_____

Phone2:_____

Cell:_____

Fax:_____

E-mail:_____

Complete Phone Book

Name:_____

_____

Phone1:_____

Phone2:_____

Cell:_____

Fax:_____

E-mail:_____

Name:_____

_____

Phone1:_____

Phone2:_____

Cell:_____

Fax:_____

E-mail:_____

Complete Phone Book

Name:_____

_____

Phone1:_____
Phone2:_____
Cell:_____
Fax:_____
E-mail:_____

Name:_____

_____

Phone1:_____
Phone2:_____
Cell:_____
Fax:_____
E-mail:_____

Complete Phone Book

Name:_____

_____

Phone1:_____

Phone2:_____

Cell:_____

Fax:_____

E-mail:_____

Name:_____

_____

Phone1:_____

Phone2:_____

Cell:_____

Fax:_____

E-mail:_____

Complete Phone Book

Name:_____

_____

Phone1:_____

Phone2:_____

Cell:_____

Fax:_____

E-mail:_____

Name:_____

_____

Phone1:_____

Phone2:_____

Cell:_____

Fax:_____

E-mail:_____

Complete Phone Book

Name:_____

_____

Phone1:_____

Phone2:_____

Cell:_____

Fax:_____

E-mail:_____

Name:_____

_____

Phone1:_____

Phone2:_____

Cell:_____

Fax:_____

E-mail:_____

Complete Phone Book

Name:_____

_____

Phone1:_____

Phone2:_____

Cell:_____

Fax:_____

E-mail:_____

Name:_____

_____

Phone1:_____

Phone2:_____

Cell:_____

Fax:_____

E-mail:_____

Complete Phone Book

Name:_____

_____

Phone1:_____

Phone2:_____

Cell:_____

Fax:_____

E-mail:_____

Name:_____

_____

Phone1:_____

Phone2:_____

Cell:_____

Fax:_____

E-mail:_____

Complete Phone Book

Name:_____

_____

Phone1:_____

Phone2:_____

Cell:_____

Fax:_____

E-mail:_____

Name:_____

_____

Phone1:_____

Phone2:_____

Cell:_____

Fax:_____

E-mail:_____

Complete Phone Book

Name:_____

_____

Phone1:_____

Phone2:_____

Cell:_____

Fax:_____

E-mail:_____

Name:_____

_____

Phone1:_____

Phone2:_____

Cell:_____

Fax:_____

E-mail:_____

Complete Phone Book

Name:_____

_____

Phone1:_____
Phone2:_____
Cell:_____
Fax:_____
E-mail:_____

Name:_____

_____

Phone1:_____
Phone2:_____
Cell:_____
Fax:_____
E-mail:_____

Complete Phone Book

Name:_____

_____

Phone1:_____
Phone2:_____
Cell:_____
Fax:_____
E-mail:_____

Name:_____

_____

Phone1:_____
Phone2:_____
Cell:_____
Fax:_____
E-mail:_____

Complete Phone Book

Name:_____

_____

Phone1:_____

Phone2:_____

Cell:_____

Fax:_____

E-mail:_____

Name:_____

_____

Phone1:_____

Phone2:_____

Cell:_____

Fax:_____

E-mail:_____

Complete Phone Book

Name:_____

_____

Phone1:_____

Phone2:_____

Cell:_____

Fax:_____

E-mail:_____

Name:_____

_____

Phone1:_____

Phone2:_____

Cell:_____

Fax:_____

E-mail:_____

Complete Phone Book

Name:_____

_____

Phone1:_____

Phone2:_____

Cell:_____

Fax:_____

E-mail:_____

Name:_____

_____

Phone1:_____

Phone2:_____

Cell:_____

Fax:_____

E-mail:_____

Complete Phone Book

Name:_____

_____

Phone1:_____

Phone2:_____

Cell:_____

Fax:_____

E-mail:_____

Name:_____

_____

Phone1:_____

Phone2:_____

Cell:_____

Fax:_____

E-mail:_____

Complete Phone Book

Name:_____

_____

Phone1:_____

Phone2:_____

Cell:_____

Fax:_____

E-mail:_____

Name:_____

_____

Phone1:_____

Phone2:_____

Cell:_____

Fax:_____

E-mail:_____

Complete Phone Book

Name:_____

_____

Phone1:_____

Phone2:_____

Cell:_____

Fax:_____

E-mail:_____

Name:_____

_____

Phone1:_____

Phone2:_____

Cell:_____

Fax:_____

E-mail:_____

Complete Phone Book

Name:_____

_____

Phone1:_____

Phone2:_____

Cell:_____

Fax:_____

E-mail:_____

Name:_____

_____

Phone1:_____

Phone2:_____

Cell:_____

Fax:_____

E-mail:_____

Complete Phone Book

Name:_____

_____

Phone1:_____

Phone2:_____

Cell:_____

Fax:_____

E-mail:_____

Name:_____

_____

Phone1:_____

Phone2:_____

Cell:_____

Fax:_____

E-mail:_____

Complete Phone Book

Name:_____

_____

Phone1:_____

Phone2:_____

Cell:_____

Fax:_____

E-mail:_____

Name:_____

_____

Phone1:_____

Phone2:_____

Cell:_____

Fax:_____

E-mail:_____

Complete Phone Book

Name:_____

_____

Phone1:_____

Phone2:_____

Cell:_____

Fax:_____

E-mail:_____

Name:_____

_____

Phone1:_____

Phone2:_____

Cell:_____

Fax:_____

E-mail:_____

Complete Phone Book

Name:_____

_____

Phone1:_____

Phone2:_____

Cell:_____

Fax:_____

E-mail:_____

Name:_____

_____

Phone1:_____

Phone2:_____

Cell:_____

Fax:_____

E-mail:_____

Complete Phone Book

Name:_____

_____

Phone1:_____

Phone2:_____

Cell:_____

Fax:_____

E-mail:_____

Name:_____

_____

Phone1:_____

Phone2:_____

Cell:_____

Fax:_____

E-mail:_____

Complete Phone Book

Name:_____

_____

Phone1:_____

Phone2:_____

Cell:_____

Fax:_____

E-mail:_____

Name:_____

_____

Phone1:_____

Phone2:_____

Cell:_____

Fax:_____

E-mail:_____

Complete Phone Book

Name:_____

_____

Phone1:_____

Phone2:_____

Cell:_____

Fax:_____

E-mail:_____

Name:_____

_____

Phone1:_____

Phone2:_____

Cell:_____

Fax:_____

E-mail:_____

Complete Phone Book

Name:_____

_____

Phone1:_____

Phone2:_____

Cell:_____

Fax:_____

E-mail:_____

Name:_____

_____

Phone1:_____

Phone2:_____

Cell:_____

Fax:_____

E-mail:_____

Complete Phone Book

Name:_____

_____

Phone1:_____

Phone2:_____

Cell:_____

Fax:_____

E-mail:_____

Name:_____

_____

Phone1:_____

Phone2:_____

Cell:_____

Fax:_____

E-mail:_____

Complete Phone Book

Name:_____

_____

Phone1:_____

Phone2:_____

Cell:_____

Fax:_____

E-mail:_____

Name:_____

_____

Phone1:_____

Phone2:_____

Cell:_____

Fax:_____

E-mail:_____

Complete Phone Book

Name:_____

_____

Phone1:_____

Phone2:_____

Cell:_____

Fax:_____

E-mail:_____

Name:_____

_____

Phone1:_____

Phone2:_____

Cell:_____

Fax:_____

E-mail:_____

Complete Phone Book

Name:_____

_____

Phone1:_____

Phone2:_____

Cell:_____

Fax:_____

E-mail:_____

Name:_____

_____

Phone1:_____

Phone2:_____

Cell:_____

Fax:_____

E-mail:_____

Complete Phone Book

Name:_____

_____

Phone1:_____

Phone2:_____

Cell:_____

Fax:_____

E-mail:_____

Name:_____

_____

Phone1:_____

Phone2:_____

Cell:_____

Fax:_____

E-mail:_____

Complete Phone Book

Name:_____

_____

Phone1:_____

Phone2:_____

Cell:_____

Fax:_____

E-mail:_____

Name:_____

_____

Phone1:_____

Phone2:_____

Cell:_____

Fax:_____

E-mail:_____

Complete Phone Book

Name:_____

_____

Phone1:_____

Phone2:_____

Cell:_____

Fax:_____

E-mail:_____

Name:_____

_____

Phone1:_____

Phone2:_____

Cell:_____

Fax:_____

E-mail:_____

Complete Phone Book

Name:_____

_____

Phone1:_____

Phone2:_____

Cell:_____

Fax:_____

E-mail:_____

Name:_____

_____

Phone1:_____

Phone2:_____

Cell:_____

Fax:_____

E-mail:_____

Complete Phone Book

Name:_____

_____

Phone1:_____

Phone2:_____

Cell:_____

Fax:_____

E-mail:_____

Name:_____

_____

Phone1:_____

Phone2:_____

Cell:_____

Fax:_____

E-mail:_____

Complete Phone Book

Name:_____

_____

Phone1:_____

Phone2:_____

Cell:_____

Fax:_____

E-mail:_____

Name:_____

_____

Phone1:_____

Phone2:_____

Cell:_____

Fax:_____

E-mail:_____

Complete Phone Book

Name:_____

_____

Phone1:_____

Phone2:_____

Cell:_____

Fax:_____

E-mail:_____

Name:_____

_____

Phone1:_____

Phone2:_____

Cell:_____

Fax:_____

E-mail:_____

Complete Phone Book

Name:_____

_____

Phone1:_____

Phone2:_____

Cell:_____

Fax:_____

E-mail:_____

Name:_____

_____

Phone1:_____

Phone2:_____

Cell:_____

Fax:_____

E-mail:_____

Complete Phone Book

Name:_____

_____

Phone1:_____

Phone2:_____

Cell:_____

Fax:_____

E-mail:_____

Name:_____

_____

Phone1:_____

Phone2:_____

Cell:_____

Fax:_____

E-mail:_____

Complete Phone Book

Name:_____

_____

Phone1:_____

Phone2:_____

Cell:_____

Fax:_____

E-mail:_____

Name:_____

_____

Phone1:_____

Phone2:_____

Cell:_____

Fax:_____

E-mail:_____

Complete Phone Book

Name:_____

_____

Phone1:_____

Phone2:_____

Cell:_____

Fax:_____

E-mail:_____

Name:_____

_____

Phone1:_____

Phone2:_____

Cell:_____

Fax:_____

E-mail:_____

Complete Phone Book

Name:_____

_____

Phone1:_____

Phone2:_____

Cell:_____

Fax:_____

E-mail:_____

Name:_____

_____

Phone1:_____

Phone2:_____

Cell:_____

Fax:_____

E-mail:_____

Complete Phone Book

Name:_____

_____

Phone1:_____

Phone2:_____

Cell:_____

Fax:_____

E-mail:_____

Name:_____

_____

Phone1:_____

Phone2:_____

Cell:_____

Fax:_____

E-mail:_____

Complete Phone Book

Name:_____

_____

Phone1:_____

Phone2:_____

Cell:_____

Fax:_____

E-mail:_____

Name:_____

_____

Phone1:_____

Phone2:_____

Cell:_____

Fax:_____

E-mail:_____

Complete Phone Book

Name:_____

_____

Phone1:_____

Phone2:_____

Cell:_____

Fax:_____

E-mail:_____

Name:_____

_____

Phone1:_____

Phone2:_____

Cell:_____

Fax:_____

E-mail:_____

Complete Phone Book

Name:_____

_____

Phone1:_____

Phone2:_____

Cell:_____

Fax:_____

E-mail:_____

Name:_____

_____

Phone1:_____

Phone2:_____

Cell:_____

Fax:_____

E-mail:_____

Complete Phone Book

Name:_____

_____

Phone1:_____

Phone2:_____

Cell:_____

Fax:_____

E-mail:_____

Name:_____

_____

Phone1:_____

Phone2:_____

Cell:_____

Fax:_____

E-mail:_____

Complete Phone Book

Name:_____

_____

Phone1:_____

Phone2:_____

Cell:_____

Fax:_____

E-mail:_____

Name:_____

_____

Phone1:_____

Phone2:_____

Cell:_____

Fax:_____

E-mail:_____

Complete Phone Book

Name:_____

_____

Phone1:_____

Phone2:_____

Cell:_____

Fax:_____

E-mail:_____

Name:_____

_____

Phone1:_____

Phone2:_____

Cell:_____

Fax:_____

E-mail:_____

Complete Phone Book

Name:_____
_____

Phone1:_____
Phone2:_____
Cell:_____
Fax:_____
E-mail:_____

Name:_____
_____

Phone1:_____
Phone2:_____
Cell:_____
Fax:_____
E-mail:_____

Complete Phone Book

Name:_____

_____

Phone1:_____

Phone2:_____

Cell:_____

Fax:_____

E-mail:_____

Name:_____

_____

Phone1:_____

Phone2:_____

Cell:_____

Fax:_____

E-mail:_____

Complete Phone Book

Name:_____

_____

Phone1:_____
Phone2:_____
Cell:_____
Fax:_____
E-mail:_____

Name:_____

_____

Phone1:_____
Phone2:_____
Cell:_____
Fax:_____
E-mail:_____

Complete Phone Book

Name:_____

_____

Phone1:_____

Phone2:_____

Cell:_____

Fax:_____

E-mail:_____

Name:_____

_____

Phone1:_____

Phone2:_____

Cell:_____

Fax:_____

E-mail:_____

Complete Phone Book

Name:_____

_____

Phone1:_____

Phone2:_____

Cell:_____

Fax:_____

E-mail:_____

Name:_____

_____

Phone1:_____

Phone2:_____

Cell:_____

Fax:_____

E-mail:_____

Complete Phone Book

Name:_____

_____

Phone1:_____

Phone2:_____

Cell:_____

Fax:_____

E-mail:_____

Name:_____

_____

Phone1:_____

Phone2:_____

Cell:_____

Fax:_____

E-mail:_____

Complete Phone Book

Name:_____

_____

Phone1:_____
Phone2:_____
Cell:_____
Fax:_____
E-mail:_____

Name:_____

_____

Phone1:_____
Phone2:_____
Cell:_____
Fax:_____
E-mail:_____

Complete Phone Book

Name:_____

_____

Phone1:_____

Phone2:_____

Cell:_____

Fax:_____

E-mail:_____

Name:_____

_____

Phone1:_____

Phone2:_____

Cell:_____

Fax:_____

E-mail:_____

Complete Phone Book

Name:_____

_____

Phone1:_____
Phone2:_____
Cell:_____
Fax:_____
E-mail:_____

Name:_____

_____

Phone1:_____
Phone2:_____
Cell:_____
Fax:_____
E-mail:_____

Complete Phone Book

Name:_____

_____

Phone1:_____

Phone2:_____

Cell:_____

Fax:_____

E-mail:_____

Name:_____

_____

Phone1:_____

Phone2:_____

Cell:_____

Fax:_____

E-mail:_____

Complete Phone Book

Name:_____

_____

Phone1:_____

Phone2:_____

Cell:_____

Fax:_____

E-mail:_____

Name:_____

_____

Phone1:_____

Phone2:_____

Cell:_____

Fax:_____

E-mail:_____

Complete Phone Book

Name:_____

_____

Phone1:_____

Phone2:_____

Cell:_____

Fax:_____

E-mail:_____

Name:_____

_____

Phone1:_____

Phone2:_____

Cell:_____

Fax:_____

E-mail:_____

Complete Phone Book

Name:_____

_____

Phone1:_____

Phone2:_____

Cell:_____

Fax:_____

E-mail:_____

Name:_____

_____

Phone1:_____

Phone2:_____

Cell:_____

Fax:_____

E-mail:_____

Complete Phone Book

Name:_____

_____

Phone1:_____

Phone2:_____

Cell:_____

Fax:_____

E-mail:_____

Name:_____

_____

Phone1:_____

Phone2:_____

Cell:_____

Fax:_____

E-mail:_____

Complete Phone Book

Name:_____

_____

Phone1:_____
Phone2:_____
Cell:_____
Fax:_____
E-mail:_____

Name:_____

_____

Phone1:_____
Phone2:_____
Cell:_____
Fax:_____
E-mail:_____

Complete Phone Book

Name:_____

_____

Phone1:_____

Phone2:_____

Cell:_____

Fax:_____

E-mail:_____

Name:_____

_____

Phone1:_____

Phone2:_____

Cell:_____

Fax:_____

E-mail:_____

Complete Phone Book

Name:_____

_____

Phone1:_____

Phone2:_____

Cell:_____

Fax:_____

E-mail:_____

Name:_____

_____

Phone1:_____

Phone2:_____

Cell:_____

Fax:_____

E-mail:_____

Complete Phone Book

Name:_____

_____

Phone1:_____

Phone2:_____

Cell:_____

Fax:_____

E-mail:_____

Name:_____

_____

Phone1:_____

Phone2:_____

Cell:_____

Fax:_____

E-mail:_____

Complete Phone Book

Name:_____

_____

Phone1:_____

Phone2:_____

Cell:_____

Fax:_____

E-mail:_____

Name:_____

_____

Phone1:_____

Phone2:_____

Cell:_____

Fax:_____

E-mail:_____

Complete Phone Book

Name:_____

_____

Phone1:_____

Phone2:_____

Cell:_____

Fax:_____

E-mail:_____

Name:_____

_____

Phone1:_____

Phone2:_____

Cell:_____

Fax:_____

E-mail:_____

Complete Phone Book

Name:_____

_____

Phone1:_____
Phone2:_____
Cell:_____
Fax:_____
E-mail:_____

Name:_____

_____

Phone1:_____
Phone2:_____
Cell:_____
Fax:_____
E-mail:_____

Complete Phone Book

Name:_____

_____

Phone1:_____

Phone2:_____

Cell:_____

Fax:_____

E-mail:_____

Name:_____

_____

Phone1:_____

Phone2:_____

Cell:_____

Fax:_____

E-mail:_____

Complete Phone Book

Name:_____

_____

Phone1:_____
Phone2:_____
Cell:_____
Fax:_____
E-mail:_____

Name:_____

_____

Phone1:_____
Phone2:_____
Cell:_____
Fax:_____
E-mail:_____

Complete Phone Book

Name:_____

_____

Phone1:_____

Phone2:_____

Cell:_____

Fax:_____

E-mail:_____

Name:_____

_____

Phone1:_____

Phone2:_____

Cell:_____

Fax:_____

E-mail:_____

Complete Phone Book

Name:_____

_____

Phone1:_____

Phone2:_____

Cell:_____

Fax:_____

E-mail:_____

Name:_____

_____

Phone1:_____

Phone2:_____

Cell:_____

Fax:_____

E-mail:_____

Complete Phone Book

Name:_____

_____

Phone1:_____

Phone2:_____

Cell:_____

Fax:_____

E-mail:_____

Name:_____

_____

Phone1:_____

Phone2:_____

Cell:_____

Fax:_____

E-mail:_____

Complete Phone Book

Name:_____

_____

Phone1:_____

Phone2:_____

Cell:_____

Fax:_____

E-mail:_____

Name:_____

_____

Phone1:_____

Phone2:_____

Cell:_____

Fax:_____

E-mail:_____

Complete Phone Book

Name:_____

_____

Phone1:_____

Phone2:_____

Cell:_____

Fax:_____

E-mail:_____

Name:_____

_____

Phone1:_____

Phone2:_____

Cell:_____

Fax:_____

E-mail:_____

Complete Phone Book

Name:_____

_____

Phone1:_____
Phone2:_____
Cell:_____
Fax:_____
E-mail:_____

Name:_____

_____

Phone1:_____
Phone2:_____
Cell:_____
Fax:_____
E-mail:_____

Complete Phone Book

Name:_____

_____

Phone1:_____

Phone2:_____

Cell:_____

Fax:_____

E-mail:_____

Name:_____

_____

Phone1:_____

Phone2:_____

Cell:_____

Fax:_____

E-mail:_____

Complete Phone Book

Name:_____

_____

Phone1:_____

Phone2:_____

Cell:_____

Fax:_____

E-mail:_____

Name:_____

_____

Phone1:_____

Phone2:_____

Cell:_____

Fax:_____

E-mail:_____

Complete Phone Book

Name:_____

_____

Phone1:_____

Phone2:_____

Cell:_____

Fax:_____

E-mail:_____

Name:_____

_____

Phone1:_____

Phone2:_____

Cell:_____

Fax:_____

E-mail:_____

Complete Phone Book

Name:_____

_____

Phone1:_____

Phone2:_____

Cell:_____

Fax:_____

E-mail:_____

Name:_____

_____

Phone1:_____

Phone2:_____

Cell:_____

Fax:_____

E-mail:_____

Complete Phone Book

Name:_____

_____

Phone1:_____

Phone2:_____

Cell:_____

Fax:_____

E-mail:_____

Name:_____

_____

Phone1:_____

Phone2:_____

Cell:_____

Fax:_____

E-mail:_____

Complete Phone Book

Name:_____

_____

Phone1:_____

Phone2:_____

Cell:_____

Fax:_____

E-mail:_____

Name:_____

_____

Phone1:_____

Phone2:_____

Cell:_____

Fax:_____

E-mail:_____

Complete Phone Book

Name:_____

_____

Phone1:_____
Phone2:_____
Cell:_____
Fax:_____
E-mail:_____

Name:_____

_____

Phone1:_____
Phone2:_____
Cell:_____
Fax:_____
E-mail:_____

Complete Phone Book

Name:_____

_____

Phone1:_____
Phone2:_____
Cell:_____
Fax:_____
E-mail:_____

Name:_____

_____

Phone1:_____
Phone2:_____
Cell:_____
Fax:_____
E-mail:_____

Complete Phone Book

Name:_____

_____

Phone1:_____

Phone2:_____

Cell:_____

Fax:_____

E-mail:_____

Name:_____

_____

Phone1:_____

Phone2:_____

Cell:_____

Fax:_____

E-mail:_____

Complete Phone Book

Name:_____

_____

Phone1:_____
Phone2:_____
Cell:_____
Fax:_____
E-mail:_____

Name:_____

_____

Phone1:_____
Phone2:_____
Cell:_____
Fax:_____
E-mail:_____

Complete Phone Book

Name:_____

_____

Phone1:_____

Phone2:_____

Cell:_____

Fax:_____

E-mail:_____

Name:_____

_____

Phone1:_____

Phone2:_____

Cell:_____

Fax:_____

E-mail:_____

Complete Phone Book

Name:_____

_____

Phone1:_____

Phone2:_____

Cell:_____

Fax:_____

E-mail:_____

Name:_____

_____

Phone1:_____

Phone2:_____

Cell:_____

Fax:_____

E-mail:_____

Complete Phone Book

Name:_____

_____

Phone1:_____
Phone2:_____
Cell:_____
Fax:_____
E-mail:_____

Name:_____

_____

Phone1:_____
Phone2:_____
Cell:_____
Fax:_____
E-mail:_____

Complete Phone Book

Name:_____

_____

Phone1:_____
Phone2:_____
Cell:_____
Fax:_____
E-mail:_____

Name:_____

_____

Phone1:_____
Phone2:_____
Cell:_____
Fax:_____
E-mail:_____

Printed in the USA
CPSIA information can be obtained
at www.ICGtesting.com
LVHW042211011224
798080LV00033B/836